KÖLNER SAGEN UND LEGENDEN

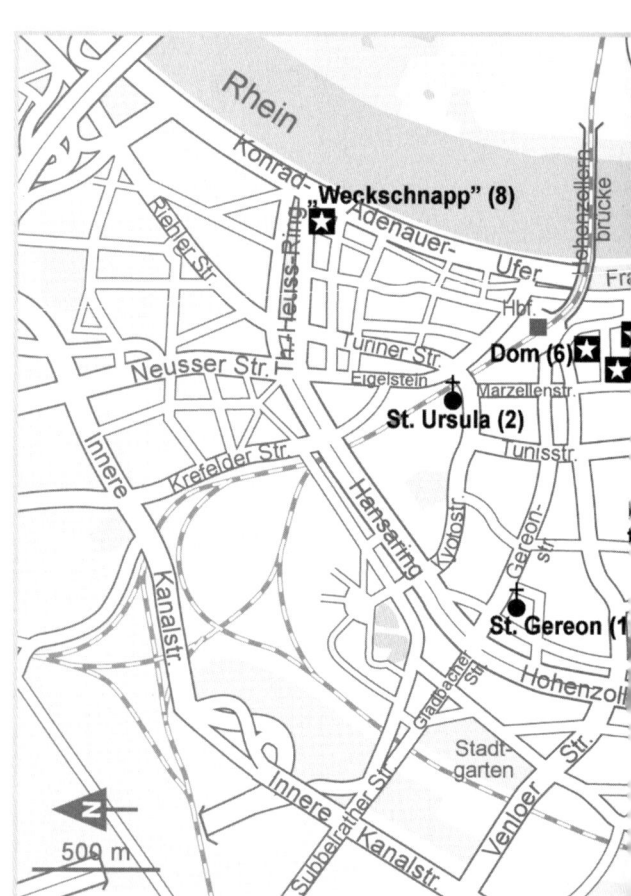

KÖLN ZENTRUM

Rhein

Deutzer Brücke

Severinsbrücke

Rheinauhafen

A. Leystapel Holz- markt Bayenstr.

Ubierring

.-Werth Brunnen (9)

s (1)

St. Severin ✝ (3)

Chlodwig-platz

ännnchen- (7)

★ St. Severin (4)

Severinstr.

★ Severins-torburg (10)

Süd- Fahrt

Cäcilienstr.

Blaubach

Perlengr.

Ulrichgasse

Sachsenring

Volks-garten

s'

Hahnenstr.

Barbarossa-platz

Hohenstaufenring

Roonstr.

Luxemburger Str.

Aachener Str.

R. Wagner-Str.

Zülpicher Str.

Tobias Büscher
Petra Sparrer

Kölner
Sagen und Legenden

herausgegeben von
Ertay Hayit

J.P. BACHEM VERLAG

Autoren: Tobias Büscher, Petra Sparrer

Herausgeber: Ertay Hayit, M.A.

Fotos und Karte: Mundo Marketing GmbH, Köln

Bibliografische Information Der Deutschen Bibliothek

Die Deutsche Bibliothek verzeichnet diese Publikation in der Deutschen Nationalbibliografie; detaillierte bibliografische Daten sind im Internet über http://dnb.ddb.de abrufbar

3. Auflage 2004

© J.P. Bachem Verlag, Köln 2004

Einband: Michaela Müller, Bergisch Gladbach

Satz, Layout: Mundo Marketing GmbH, Köln (www.mundo-marketing.de)

Printed in Germany

ISBN 3-7616-1734-8

www.bachem-verlag.de

Inhalt

Vorwort

Es kann durchaus mit dem Teufel zugehen, wenn dort, wo die Reliquien der Heiligen Drei Könige aufbewahrt sind, schon mal die Dombauarbeiten ins Stocken geraten. Durch Köln sind auch schon kleine, langnasige Gnome mit hohem Hut gelaufen, Heilige haben es regnen lassen, Geiger die Zukunft gesehen und ein Bürgermeister überlebte gar eine Löwenattacke.

Einige der schönsten Geschichten aus dem reichen Fundus der Sagen und Legenden präsentiert dieser Band und zeigt zudem, wo die kölschen Erzählungen in Stein gemeißelt sind oder auch schon mal auf Bierdeckeln verewigt wurden.

Legenden sind laut Duden „kurze, erbauliche religiöse Erzählungen über Leben und Tod oder auch das Martyrium von Heiligen", Mythen demnach „sagenhafte, unglaubwürdige Geschichten oder Erzählungen". Und die Kölner Geschichten sind von allem etwas, mit einer gehörigen Portion rheinischem Witz und Charme garniert, versteht sich.

Seit der römische Feldherr Marcus Agrippa die Stadt gegründet hat, sind historische Wahrheiten entsprechend mit mal skurrilen, mal humorvollen und oft religiösen Fantasien gepaart. Die Stadt reflektiert sie vielerorts, an der Kirchenfassade der Heiligen Ursula genauso wie am historischen Rathaus oder – in Form einer ganzen Erzählung – am Heinzelmännchen-Brunnen.

Viel Spaß bei der Lektüre wünschen

Petra Sparrer

und Tobias Büscher

Agrippina

List und Klüngel zu Zeiten Roms

Dicke Mädchen haben schöne Namen, heißen Rosa, Tosca oder Carmen, höhnert es aus kölschen Lautsprechern.

Schlanke Mädchen heißen auch ganz prima, heißen Kirsten, Sandra, Agrippina.

Reden wir über Letztere, über eine ehrgeizige Kölnerin mit hochkomplizierter Vita. Und reden wir zu Beginn über ein Leben, das garniert ist mit vielen unglaublichen Gerüchten.

Sicher ist: Agrippina ist die aufregendste Frau in der Geschichte der Stadt. Doch vieles, was ihr an List, Skrupellosigkeit und Erotik nachgesagt wurde, ist pure Erfindung. Geklüngelt habe sie besser als jeder Konzernvertreter in einem Nippeser Brauhaus, dem Götterhimmel habe sie kollektiv den Kopf verdreht und Mordpläne geschmiedet wie keine andere. Dabei ist nicht einmal bekannt, wann die Römerin in der Stadt, die heute Köln heißt, geboren wurde, wahrscheinlich am 6. November 15 oder 16 nach Christus.

Am Rhein lebten damals Ubier in der Siedlung Oppidum Ubiorum. Römer planten hier bereits die ersten Thermalbäder und führten rechtsrheinisch in den unwegsamen Wäldern und Sümpfen Krieg gegen zottelige Germanenhorden.

Die wichtigste Frau in der Kölner Stadtgeschichte:
Statue der Agrippina am Rathaus

Agrippina war als Tochter eines angesehenen Feldherrn zur Welt gekommen und in der von Intrigen
zersetzten Oberschicht aufgewachsen. Sie war eines
von neun Geschwistern. Bekannt ist, dass sie mit 12
Jahren erstmals heiratete, einen 28-jährigen entfern-
ten Verwandten. Die Namen ihrer Familienangehöri-
gen klingen nach Macht pur, ihr Bruder war Caligula,
ihr Sohn Nero. Es ging heiß her rund um Agrippina,
statt „jote Fründe" hatte sie enge Verwandtschafts-
verhältnisse.

Römischer Klüngel war damals grausam in den
Mitteln. Bestechung galt als Geplänkel, man stach
gleich zu. Vor allem die römischen Kaiser führten ein
gefährliches Leben. Da sie von Rechts wegen nicht
abgesetzt werden konnten, war Mord unter Um-
ständen der einzig machbare Ausweg. Und
Agrippina, die vor allem in Rom lebte, war mitten im
Geschehen. Sie soll ein Verhältnis mit Lepidus gehabt
haben, einem der wichtigsten Männer beim Mord-
komplott gegen Kaiser Caligula in Obergermanien.
Bis dato genoss sie als Römerin bereits ungewöhn-
liche Privilegien. Doch der Anschlag scheiterte, und
der wutentbrannte Caligula ließ seine Schwester zur
Strafe vorübergehend auf den Pontischen Inseln
unter Hausarrest stellen. Der nächste Anschlag
dagegen führte zum Erfolg.

Kaum war Agrippinas Bruder ermordet, kam ihr Onkel
Claudius an die Macht und Agrippina heiratete eben
diesen. Ein Skandal? Eher nicht. Das war zwar verboten, aber Claudius änderte kurzerhand die Gesetzes-
schrift.

Erst im Jahr 50 nach Christus erregte die Geburts-
kölnerin in Rom dann wirklich heftig die Gemüter:
Denn die Kaisergemahlin erklüngelte nicht nur itali-
sches Recht für ihren Heimatort am Rhein, sondern
platzierte frecherweise auch Agrippina in den Stadt-
namen.

Auf ihr Drängen hin wurde das zukünftige Köln zur
Kolonie erhoben und hieß nun Colonia Claudia Ara
Agrippinensium (CCAA). Die „Claudius-Kolonie mit
einem Altar der Agrippinenser" war – vollkommen un-
üblich im Römerreich – nicht nur nach einem heroi-
schen Feldherrn, sondern auch nach einer Frau
benannt.

Den Ärger darüber soll sie kaum zur Kenntnis
genommen haben. Sie sorgte lieber dafür, dass am
Rhein nun eine echte Metropole heranwuchs, mit
Palästen altgedienter Legionäre und einer stabilen
Stadtmauer gegen unzivilisierte Barbaren. Ge-
schichtsschreiber Tacitus beschrieb später, wie die
attraktive Römerin aber vor allem in Rom selbst aktiv
blieb. Sie ließ ihren Mann töten, um ihren gerade 17-
jährigen Sohn Nero auf den Kaiserthron zu bringen.
Sie habe, gab Tacitus zu Protokoll, dazu eigens die
gefürchtete Giftmischerin Lucusta aus dem Gefängnis
entlassen, um sich des lästigen Gemahls zu ent-
ledigen. Lucustas Geheimrezept: schnell wirkendes
Pilzgift.

Ob Legende oder nicht, die Tage der Agrippina waren
gezählt. Denn ihr Sohn, der sofort die neu ge-
wonnene Macht nutzte, hatte mit seiner Mutter
Probleme. Sie mischte sich wie gewohnt erheblich in

die politischen Geschäfte ein. Angeblich unternahm sie auch alles, um Neros amouröses Verhältnis mit der hübschen Poppea Sabina zu beenden. Dies, heißt es, habe den Jungkaiser bis aufs Blut gereizt. Er habe Killer auf seine Mutter angesetzt. Im März 59 fand man Agrippina erstochen im Schlafgemach ihrer Villa auf.

Die Ubier aber hielten die Erinnerung an die schöne Agrippina aufrecht. Sie nannten sich Agrippinenser, und nach Agrippina hieß die Kolonie am Rhein noch dreihundert Jahre lang.

Als Statue ist die mächtigste Frau der Stadtgeschichte am Kölner Rathaus verewigt.

-tb-

Statue der Agrippina am Kölner Rathaus
→ *Stadtplan Nr. 1*

Die Heilige Ursula
und ihre 11.000 Jungfrauen

Märtyrertod vor den Toren der Stadt

Schon seit Tagen hatten Ursula und ihr Vater
Dionetus, der König von Britannien, keine Nahrung
mehr zu sich genommen. Sie waren verzweifelt: Der
mächtige Heidenfürst Conanus wollte seinen Sohn
Ätherius mit Ursula verheiraten und hatte ihrem Vater
gleichzeitig einen furchtbaren Krieg angedroht, sollte
er die Bitte um ihre Hand ablehnen. Die Barden hatten
mit ihren Gesängen Ursulas betörende Schönheit im
ganzen Abendland gerühmt, und so bekam sie
zahlreiche Anträge und Geschenke von den schönsten und reichsten Jünglingen. Die fromme Prinzessin
aber wollte Jungfrau bleiben und für immer Gott
dienen. Ihre Eltern, die lange Zeit auf Nachwuchs
gewartet hatten, betrachteten sie als Geschenk des
Himmels und akzeptierten die Entscheidung ihres
schon früh extrem religiösen Kindes. Nun aber war
nicht nur die Jungfräulichkeit ihrer Tochter in Gefahr,
sondern das ganze Königreich.

Da sprach nachts im Traum ein Engel zu Ursula, und
am nächsten Morgen verkündete sie ihrem Vater, was
zu tun war. Sie würde Ätherius heiraten, aber erst in
drei Jahren. In dieser Zeit solle er Christ werden und
sich taufen lassen. Sie aber gehe unterdessen auf
eine weite Pilgerfahrt und wolle sich von zehn edlen
Jungfrauen und ihrem Gefolge begleiten lassen. Und

so geschah es. Fünf Vasallen ihres Vaters und fünf Vasallen des Heidenkönigs schickten ihre Töchter und wählten für jede Jungfrau ein Gefolge von 1000 Dienerinnen aus. Die Jungfrauen trafen zusammen, bekamen Schiffe, lernten das Segeln, versorgten sich mit Proviant und verließen Britannien. Dies soll sich etwa im 3. Jahrhundert abgespielt haben. Die Geschichte wurde lange Zeit weiter erzählt und 975 erstmals schriftlich festgehalten und Jahrhunderte lang wieder und wieder aufgeschrieben, übersetzt und verbreitet.

Von Gallien aus steuerten die Jungfrauen ihre Schiffe weiter rheinaufwärts. Auch in der Bischofsstadt Köln gingen sie an Land. Hier erschien Ursula zum zweiten Mal ein Engel. Ihre Mission sei noch lange nicht zu Ende, ermahnte er sie. Rom sei ihr Ziel, wo sie an den Gräbern der Apostel und Märtyrer beten und wo alle Heidinnen unter den Jungfrauen getauft werden sollten. Dann würden sie nach Köln zurückkehren, ihre Aufgabe erfüllen und die heiligen Weihen des Märtyrertums empfangen.

Auf Geheiß des Engels brach Ursula mit ihren Jungfrauen hastig auf. In Basel verließen sie ihre Schiffe und machten sich tapfer zu Fuß auf den langen Weg nach Rom. Dort begrüßte Papst Cyriacus, der ebenfalls aus Britannien stammte, die Jungfrauen. Er führte sie in die Katakomben zu den Gräbern der Märtyrer und Aposteln und taufte alle jene, die noch keine Christinnen waren. Auf ein Zeichen des Herrn entsagte er seinem Amt, um die Jungfrauen nach Köln zu begleiten. Dies entzweite

*Wo in alter Zeit – so die Legende – 11.000 Jungfrauen
hingemetzelt wurden, steht heute die Klosterkirche St. Ursula*

die klerikalen Geister. Viele Bischöfe und Würden-
träger glaubten, der Papst sei Ursula und ihren Jungfrauen hörig und von ihnen verhext worden. Zahlreiche andere wiederum schlossen sich den Pil-
gerinnen an. Immer mehr Männer und Kinder
begleiteten die Jungfrauen auf ihrem Rückweg nach
Köln.

Ehrfürchtig flüsterte einer dem anderen zu, in welcher
Mission Ursula und ihre Jungfrauen unterwegs waren.
So gelangte die Kunde auch an Ätherius Ohr. Des
langen Wartens müde und von bedingungsloser
Bewunderung für Ursula ergriffen, fasste er den Ent-
schluss, Christ zu werden und seiner Angebeteten ins
Martyrium zu folgen. Er reiste ihr eilig bis Mainz
entgegen, wo er im Dom von Papst Cyriacus die
Taufe erhielt. Am nächsten Tag betrat er gemeinsam
mit seiner Verlobten das Schiff nach Köln.

Je näher sie ihrem Ziel kamen, desto öfter riefen
Bewohner von beiden Ufern des Rheins ihnen
Warnungen zu. Hunnenkönig Etzel, der selbst er-
nannte König über alle Könige und Herrscher über
das Abendland, belagere Köln und seine Mordlust sei
riesengroß. Er schwinge sein Schwert mit teuflischer
Kraft, hieß es besorgt. Es habe lange Zeit in der Erde
gelegen und sei nun mit einem bösen Zauber
versehen. Mit Pfeilen, Keulen und Schwertern habe
das blutrünstige Heer des Heiden schon ungezählte
Opfer hinterlassen und werde jeden töten, der an
Land ginge.

Unbeirrt stimmten die Jungfrauen das Lied des
heiligen Erzengels Michael an, der den Drachen der

Finsternis erschlug. Sie machten ihre Schiffe fest, gingen an Land, und die Hunnen töteten eine nach der anderen. Als König Etzel die strahlend schöne Ursula erblickte, gebot er der Schlächterei Einhalt und bat sie um ihre Hand. Erst wolle sie Gott angehören und sich dann mit Ätherius vereinen, lautete ihre Antwort. Sofort wurde sie von den Soldaten Etzels mit Pfeilen durchbohrt. Ätherius fand den Tod durch das Schwert. Als die Seele der letzten Märtyrerin ihren Körper verließ, zuckten grelle Blitze am Himmel, die sich zu bedrohlichen Zeichen des Grauens formierten. In Panik verließen die erschrockenen Hunnen das Schlachtfeld. Köln war gerettet. Dankbare Bürger begruben die Leichen der Märtyrer vor den Toren der Stadt auf dem Ager Ursulanus.

Bei der zweiten Stadterweiterung Kölns fanden Bauarbeiter auf dem Ursula-Acker zahlreiche Gebeine, die man für Reliquien der Märtyrer hielt. Später exportierte die Ursulakirche die unerschöpflichen Jungfrauenreliquien und bereicherte sich an der europaweiten Nachfrage. Etliche Gebeine birgt bis heute die „Goldene Kammer" der Kölner Ursula-Basilika, darunter auch die der Ursula. Denn durch ein Wunder wiesen im 7. Jahrhundert weiße Tauben dem Bischof Kunibert den Weg zu ihrer Grabstätte.

Kölns Schutzpatronin Ursula galt als Garant für Eheglück, bot Schutz vor Kinderkrankheiten und half, Belagerer in die Flucht zu schlagen. Um den Sarkophag der Heiligen in der Ursula-Basilika hängen 19 Tafeln mit einer Bildgeschichte der Legende, die ein spätgotischer Maler hier so festgehalten hat, wie sie um 1500 erzählt wurde. Seit dem 17. Jahrhundert erinnern daran auch elf Flammen im Kölner Stadtwappen.

Des Wiederaufbaus der einst römischen Ursulakirche nahm sich im 4. Jahrhundert der Senator Clematius an. Davon zeugt eine Inschrift in der heutigen Basilika. „Die Strafe des ewigen Feuers", so heißt es dort, verdiene jemand, der außer den Jungfrauen hier einen anderen Leichnam beizusetzen gedenkt. Eben dies versuchte dann ein fränkischer Fürst. Der Sarg seiner Tochter Viventa jedoch lag am nächsten Tag immer wieder neben der Gruft. Statt ihn in geweihte Erde zu legen, stellte man ihn auf vier Säulen, wo er sich bis heute befindet.

-ps-

Kirche St. Ursula → Stadtplan Nr. 2

Ein Erzbischof als Regenspender

Wie Sankt Severin Köln vor der Dürre rettete

Köln ist eine ausgesprochen humorige Stadt, doch ausgerechnet einer ihrer populärsten Heiligen heißt auf Latein „der Strenge": Severin. Seinen Namen tragen eine Brücke, ein Stadtviertel und vor allem die spätromanische Kirche in der Südstadt, der „Dom des Südens". Eine Bauernregel sieht den Tag des Heiligen (23. Oktober) als Vorboten des Winters: „Wenn's Sankt Severin gefällt, bringt er mit die erste Kält'".

Chronisten schrieben über den Bischof, der um 400 nach Christus in Köln amtierte, in höchsten Tönen. Gregor von Tours wörtlich: „ein in jeder Hinsicht lobenswerter Mann von lauterem Lebenswandel". Sankt Severin ist somit Stolz und Patron der Kölner, verehrt von den Webern und Beschützer vor Unglück und vor allem vor Trockenheit. Eine Legende sieht den vermutlich in Bordeaux geborenen Heiligen entsprechend als Regenspender:

Demnach war der Ordinarius längst in Bordeaux bestattet und am Rhein schon fast vergessen, als Köln plötzlich von einer lang andauernden Dürre- katastrophe heimgesucht wurde. Kein Tropfen kam vom Himmel, ganze drei Jahre lang. Der Rhein trocknete bedenklich aus, die Brunnen versiegten, und die Menschen konnten sich nicht vorstellen, wie

Eine große Statue erinnert noch heute an den Hl. Severin, der einst Köln von einer großen Dürrezeit erlöste

teuer einmal Versicherungen gegen Hochwasser-schäden werden würden.

Eines Nachts erschien Severin im Traum seinem Nachfolger, dem Bischof Evergislus. Sein Leichnam, erklärte Severin, solle von Bordeaux in sein Kölner Bistum gebracht und dort bestattet werden, schon würde es vom Himmel regnen wie aus Kübeln. Evergislus handelte sofort. Er schickte Boten und kostbare Geschenke nach Frankreich, um die Gebeine des Heiligen nach Köln zu überführen. Kaum war der Tote über die Stadtgrenze gebracht, kündigten die Blitze das wohltuende Gewitter an. Der Pegel des Rheins stieg und das Wasser von Kölle war wieder „jot". Für die Rheinländer war damit klar: Der Heilige ist ein Regenspender.

Seit dem 9. Jahrhundert trägt die Kirche in der Südstadt seinen Namen und an der Severinsbrücke errichteten die Bewohner eine Marmorstatue des heiligen Wasserspenders.

-tb-

Kirche St. Severin und Denkmal des Hl. Severin
→ *Stadtplan Nr. 3 und 4*

In der Kirche St. Severin fanden die Gebeine des Heiligen Severin ihre letzte Ruhestätte

Hermann Gryn,
der Löwenbezwinger

Ein Bürgermeister setzt sich zur Wehr

Die Kölner Kaufleute waren schlecht zu sprechen auf
den Klerus. Seit Karl der Große das Kölner Bistum um
das Jahr 800 zum Erzbistum ernannt hatte, spielten
sich die Erzbischöfe als Landesfürsten und Stadt-
herren auf, strebten über die geistlichen Würden
hinaus nach Reichtum, Land und politischer Macht.
Immer wieder erdreisteten sich Erzbischöfe, Zoll-
schranken zu erheben und mit Waren voll beladene
Schiffe zu beschlagnahmen oder gar zu plündern.
Kölns Händler fühlten sich ihrer Rechte beschnitten
und in ihrer Freiheit eingeschränkt. Dies machte sie
kampfeslustig. Mit der Unterstützung ihres Bürgermeisters Hermann Gryn konnten sie rechnen. Aus
dem Bayenturm und dem Kunibertsturm der Stadtmauer hatten sie die Männer des Erzbischofs
Engelbert II. bereits gemeinsam vertrieben, als 1262
zunächst Friede geschlossen wurde.

Nach wie vor war der ehrgeizige Bürgermeister dem
Erzbischof ein Dorn im Auge. Der Zwist geriet dann
jedoch in Vergessenheit: Stattdessen hielt eine
Sensation die Bürger in Atem. Der Erzbischof hatte
sich aus dem fernen Ausland einen Löwen bringen
lassen. Das exotische Raubtier war im Innenhof des
Domherrenhauses in einen Zwinger eingesperrt, wo
zwei Domherren es fütterten und pflegten. Nach und

nach nahm jeder in der Stadt das Tier neugierig in Augenschein.

Viele Male hatten die beiden Domherren zugeschaut, wie der Löwe riesige Stücke Ziegenfleisch und ganze Hühner mit seinen scharfen Zähnen zermalmte, als ihnen der verhasste Gegner ihres Erzbischofs wieder einfiel. „Wir laden den Bürgermeister zu einem Versöhnungsmahl ein", unterbrach Domherr Benno die Kaugeräusche des Löwen. Sein Kollege verstand sofort, nickte und fortan bekam das Tier eine gute Woche lang nichts mehr zu fressen.

Bürgermeister Gryn folgte der Einladung. Nach dem Essen plauderte er mit den Domherren beim Wein, als das andauernde Löwengebrüll im Hof ihm so langsam auf die Nerven ging. „Muss das Tier nicht sein Futter bekommen", fragte er die Domherren. Eifrig sprangen die beiden auf und überredeten Gryn, Zeuge dieses Spektakels zu werden. Er könne dem Tier auch selbst das Futter reichen und es dabei eingehend begutachten. Mit diesen Worten machten sie ihm hinterlistig schmackhaft, sie zu begleiten. Er biss an, der Vorschlag gefiel ihm und als vorsichtig und ängstlich wollte er keinesfalls dastehen. So stand er, ehe er sich versah, Auge in Auge dem hungrigen wilden Tier gegenüber. Da gaben die rachsüchtigen Domherren ihm einen kräftigen Stoß und die Käfigtür fiel hinter ihm ins Schloss. „Guten Appetit, Löwe", brüllten die Domherren triumphierend und stoben davon. Geistesgegenwärtig wickelte Gryn seinen Mantel um seinen Arm, dass das Tier ihn nicht durchbeißen könne. Während er mit der rechten Hand den

Vom mutigen Kampf Hermann Gryns mit dem Löwen zeugt noch heute eine Steintafel über dem Rathausportal

Biss des Löwen abwehrte, stieß sein Schwert dem heranspringenden Löwen auch schon direkt ins Herz.

Soeben dem Tod entronnen, lief Hermann Gryn ins Rathaus, rief Kölns Schöffen zusammen und zeigte ihnen die noch ganz frischen Verletzungen. Das Gericht verurteilte die Domherren und schickte Soldaten, die Flüchtigen zu fassen. Diese beteuerten noch, es habe sich um einen Unfall gehandelt. Unter dem Tor des Domklosters wurden sie öffentlich gehängt. Seither heißt es „Pfaffentor", und noch lange Jahre konnte man die für die Stricke durchlöcherten Balken sehen.

Jahrhundertelang wurde Bürgermeister Hermann Gryn als Held verehrt. Über 20 Jahre nach seinem tapferen Kampf gegen den Löwen besiegten die Kölner ihren Erzbischof 1288 in einer Schlacht bei Worringen und regierten innerhalb der Stadtmauern wieder selbst: 500 Jahre lang residierten die Erzbischöfe seither außerhalb der Stadtmauern in den Schlössern in Bonn und Brühl. Noch im 16. Jahrhundert gedachten die Kölner des souveränen Sieges ihres Helden über den Löwen. Das Bild des Kampfes erhielt einen Ehrenplatz über dem Haupteingang zum Rathaus, flankiert von Darstellungen aus dem Alten Testament. Sie zeigen Samson, der mit bloßen Händen gegen einen Löwen kämpft, und an der anderen Seite König David, der die Löwen in der Grube zähmt.

-ps-

Kölner Rathaus → *Stadtplan Nr. 1*

Richmodis von Aducht

Von Totengräbern, zwei Pferden und einer Auferstehung

Es gibt bekanntere Biere in Köln, aber auf dem Deckel des herb-schmackhaften Richmodis Kölsch sind die zwei berühmtesten Pferde der Stadt dargestellt, die aus einem Giebelfenster blicken. Dies wollen Anwohner am Neumarkt im Jahr 1357 gesehen haben. Hintergrund ist die haarsträubende Schauergeschichte um die wohlhabende Patrizierfrau Richmodis von Aducht:

Mitte des 14. Jahrhunderts ging der „schwarze Tod" in Köln um. Der Kaufmann Mengis von Aducht und seine Ehefrau Richmodis lebten zu dieser Zeit in dem prächtigen Haus „Zum Papageien" an der Olivengasse. Auch die junge Richmodis infizierte sich an der Pest, starb nach dreitägiger Qual und bekam – noch bevor die Leichenstarre einsetzte – eine prachtvolle Totenfeier auf dem damaligen Friedhof der nahen Apostelkirche.

Die Totengräber hatten viel zu tun in diesen Tagen, die vielen Verstorbenen konnten sie nicht zügig bestatten. Und so lag auch der Sarg der Kaufmannsfrau noch unbeerdigt zwischen den Kreuzen. Den Totengräbern war allerdings die ungewöhnlich gute Verarbeitung des Sarges aufgefallen und sie ahnten darin kostbare Beigaben. Im Schutz der Nacht öffneten sie den Deckel und nahmen der blassen Richmodis zunächst die Halskette ab. Noch geschah nichts. Als sie daraufhin auch des kostbaren Fingerschmucks habhaft werden wollten, ließ sich jedoch der Ring nicht vom Finger lösen. Ungeduldig zog einer der beiden fester an dem Ring. Plötzlich bewegte sich die Hand. Richmodis öffnete die Augen und atmete tief durch.

Die Scheintote versetzte die Diebe in Panik, die mit geweiteten Augen über die Gräber zum Ausgang des Friedhofs rannten. Doch auch Richmodis schauderte, als sie sich ihrer unschönen Lage bewusst wurde. Schwankend eilte die erschöpfte, aber noch lebende Frau in ihrem leichenweißen Hemd durch die Nacht in Richtung Neumarkt.

Es war fast dunkel, als sie ihr Domizil erreichte und mit den Fäusten gegen die verriegelte Pforte hämmerte. Nur ein fades Mondlicht erhellte ihr Hemd. Zunächst bemerkte eine Magd das Pochen. Als sie die Stimme erkannte und durch eine kleine Luke auch noch das Gesicht ihrer Herrin sah, glaubte sie einen Geist vor sich zu haben. Ihr helles Kreischen hallte durch die Gemächer. Damit weckte sie die Knechte und schließlich den Hausherrn, der in seinem Kummer über die verstorbene Frau einen solchen „Unsinn" nicht glauben wollte: „Eher klettern meine beiden Schimmel unten im Stall die Treppe hinauf in den Speicher, als dass mein Weib von den Toten aufersteht", erboste sich der Hausherr. Prompte Reaktion war ein Wiehern auf den Stufen. Der Kaufmann eilte zur Haustür, riss sie auf und gewahrte seine Frau. Vor Freude nahm er sie in die Arme. Die Magd beobachtete dies mit gebührendem Abstand, und die Knechte weckten die Nachbarn. Die Auferstehung sprach sich schnell herum, halb Köln war in Aufregung.

Und die beiden Pferde waren vergessen bis zum Morgengrauen. Erst da erinnerte sich der Hausherr an seine Schimmel, lief hinauf und bemerkte, wie die beiden Tiere ihre Köpfe aus dem Giebelfenster reckten und hinunter auf den Neumarkt schauten. Niemals zuvor hatte er ein Pferd auf dem Flur stehen sehen, geschweige denn zwei in einem Dachspeicher.

Der Kaufmann wunderte sich, wie die Tiere es nur die Treppe hinauf geschafft haben konnten, was er nicht einmal nervös tänzelnden Araberhengsten zugetraut hätte. Er grübelte aber nicht lange und brachte sie mit seinen Knechten mühsam wieder in den Stall.

Doch vom „Richmodisturm" am Neumarkt blicken sie noch heute.

-tb-

Richmodisturm mit den Pferdeköpfen
→ *Stadtplan Nr. 5*

Der Wettstreit der Baumeister

Wie eine Wasserleitung den Dombau blockierte

Von Anfang an fragten sich die Kölner, ob beim Bau des Domes alles mit rechten Dingen zuging. Behinderten Vermessenheit und Größenwahn die Bauarbeiten? Erzbischof Engelbert I. und das Domkapitel hatten im Jahr 1247 nichts Geringeres beschlossen, als das größte Gotteshaus der Welt zu errichten. Der alte präromanische Bau war weiß Gott zu klein, seit Erzbischof Reinald hier im Jahr 1164 die Gebeine der Heiligen Drei Könige aufbahren ließ.

Pilger der ganzen Christenheit kamen seither nach Köln und die Stadt war immer reicher geworden. Aber konnte ein Bau, dessen Formen und Dimensionen die der berühmten Kathedralen von Chartres, Paris und Saint-Denis bei weitem übertreffen sollte, überhaupt je fertig werden? Bis heute versperren Baugerüste die Sicht zu den Domspitzen hinauf und noch immer streiten sich die Geister, ob hier der Zahn der Zeit am Werke ist oder ein alter Fluch.

Immerhin war der erste Dombaumeister kein Geringerer als Meister Gerhard, ein fähiger und ehrgeiziger Fachmann, der sein Handwerk in den Bauhütten der Ile de France gelernt hatte. Von seinen

Berechnungen und Planungen hing es ab, ob der Bau von den Fundamenten bis zu den Spitzen halten würde und die Verantwortung lastete schwer auf ihm. Bald zweifelte er, ob ein Menschenleben ausreichen würde, das Werk zu vollenden, war aber dennoch wild dazu entschlossen, es zu versuchen. Als er wie gewohnt die Arbeiten an der riesigen Baustelle beaufsichtigte, kam er eines Tages mit einem Fremden ins Gespräch. Dieser übte sachkundig Kritik, spottete wortgewandt und stellte sich als Architekt der Wasserleitung vor.

Eine Wasserleitung von der Eifel über Täler und Hügel nach Köln zu bauen, war ein immenses Vorhaben. Meister Gerhard war leicht reizbar. Und so fing auch er an, seinen Konkurrenten zu verspotten. „Bevor Enten unten vor dem Dom schwimmen, wird er schon seit Jahren fertig sein." Sie tauschten einige Überheblichkeiten miteinander aus, bis ein jeder bei seiner Seele wettete, seinen Bauauftrag als erster zu beenden. Meister Gerhard war überzeugt, der Fremde müsse scheitern, es sei denn, er habe es mit dem Teufel zu tun.

Der Dombau schritt voran. Meister Gerhard aber fand des Nachts keinen Schlaf mehr und wurde immer nervöser. Seine Frau fragte ihn besorgt, was nur los sei, aber er schwieg. Bald war die Wasserleitung fertig, nur Wasser floss noch nicht hindurch. Meister Gerhard blieb nur die Hoffnung, sein Widersacher würde nicht erkennen, welches Detail er vergessen hatte. Nur Luftlöcher in der Leitung, und zwar in regelmäßigen Abständen, würden das

Wasser zum Fließen bringen. Von ihm würde das natürlich niemand erfahren. Schweigen hatte er schließlich in langen sorgenvollen Zeiten seines Lebens gelernt.

Seine Ehefrau aber litt mehr und mehr unter seiner finsteren Miene und bald beklagte sie sich bei jedem, der es hören wollte. Da bot ihr der Architekt der Wasserleitung listig seine Hilfe an. Er gab ihr ein Pulver, das sie ihrem Mann ins Getränk mischen sollte. Schweißgebadet sprach sich Meister Gerhard im Traum mit gelöster Zunge alle Sorgen von der Seele. Wirr geredet, habe er, von Luftlöchern, einer Leitung und dem Teufel, erzählte die Frau nun selbst in Panik. Darauf konnte sich der Architekt seinen Reim machen.

Als Meister Gerhard von seinem Gerüst am Domchor aus Enten schnattern und Wasser rauschen hörte, wusste er, dass die Wette verloren und sein Leben verwirkt waren. Er schloss die Augen, atmete noch einmal tief ein, verfluchte den Dom, auf dass er niemals fertig werde und sprang. Der Teufel folgte ihm in Gestalt eines Hundes in die Tiefe, um seine Seele zu fangen. Am Südturm wurde diese Szene in Stein gemeißelt festgehalten.

Der Dombau war für lange Jahre blockiert. Was an einem Tag fertig schien, stürzte am nächsten wieder ein. Jahrhunderte lang bemühte sich ein Baumeister nach dem anderen und hatte dennoch den Eindruck, nicht weiter zu kommen. Manch einer behauptete, den ruhelosen Meister Gerhard im Mondschein um den Dom schleichen gesehen zu haben. Und im 19.

Der Kölner Dom ist nicht nur das Wahrzeichen der Stadt, sondern auch Ort zahlreicher Legenden und Geschichten

Jahrhundert entdeckte man unter dem südlichen Querhaus des Doms die Reste einer römischen Wasserleitung, die wahrscheinlich einst das Ihre zur Legendenbildung beitrug.

-ps-

Kölner Dom → *Stadtplan Nr. 6*

Heinzelmännchen in Köln

Von heimlichen Helfern und einer Erbsen-Streuerin

Leider kann diese Geschichte hier nicht von fleißigen Wichteln geschrieben werden. Wir müssen selber ran. Und schuld ist die Neugier des Schneiders Weib. Aber der Reihe nach.

Es gab in Köln einmal Zeiten, da konnten Bauarbeiter, Metzger und Bäcker sich nachts hinlegen und erlebten am nächsten Morgen, was sie sich nicht hätten träumen lassen: Haus fertig, Schwein geschlachtet, Brot gebacken. Hilfreiche Zwerge, die Heinzelmännchen, waren bei der Arbeit gewesen. Echte berufliche Multitalente, zeitlich unabhängig, flexibel einsetzbar und zuverlässig in der Ausführung jeglicher Jobs.

Ein in Not geratener Bäcker etwa, von seiner Ehefrau massiv zur Rede gestellt und von seinen dürren Kindern nicht mehr angelächelt, fand eines Morgens seinen gesamten Speicher voller Mehlsäcke. Und ein Schneider, der anderntags eine exzellent verarbeitete Amtskutte für den Kölner Bürgermeister fertig bekommen sollte, schlief versehentlich vor Erschöpfung über dem Nähtisch ein. Als er aufwachte, waren die bärtigen Zwerge längst als kultige Modedesigner im Einsatz gewesen: Das Amtskleid passte dem Stadtoberhaupt wie angegossen.

Nun wäre alles ganz wunderbar, der Kölner Stadt-Anzeiger würde morgens von selbst vor der Tür liegen, das 4711-Parfum käme ganz ohne menschliche Dienstleister in die Flaschen und die Examensarbeiten geplagter Studenten schrieben sich brillant im Schlaf, doch leider war da die Frau des Schneiders.

Die wusste zwar: Wichtelmänner erledigen nur unter der Voraussetzung jeden Job, dass keiner sie beobachtet und niemand sie stört. Doch die Neugierde überwog, wie die Heinzelmännchen denn so aussehen, ob sie vielleicht eine rote Mütze trugen oder vielleicht doch eine Tarnkappe ...

So streute sie hinterlistigerweise Erbsen auf die Treppe ihres Hauses, und als nachts die Männchen zum neuerlichen Schneidern ansetzen wollten, kugelten sie über selbige die Stufen hinunter. Sie waren so schnell verschwunden, dass das Schneiderweib sie nicht einmal mehr sehen konnte. Und sie blieben verschwunden – ein für alle Male.

Die Kölner jammerten. Sie mussten plötzlich wieder arbeiten und das mochten sie gar nicht, denn Slogans wie „Jeder hat ein Recht auf Arbeit" und „Wir brauchen Vollbeschäftigung" fehlte damals jegliche Zugkraft.

Zum Andenken an die helfenden Zwerge ließ der „Kölner Verschönerungsverein" den Heinzelmännchen-Brunnen errichten und brachte daran den Text der ganzen Geschichte an. Ohne Hilfe, versteht sich.

-tb-

Heinzelmännchen-Brunnen → *Stadtplan Nr. 7*

Figur der neugierigen Schneidersfrau am Heinzelmännchen-Brunnen, gegenüber dem ältesten Brauhaus Kölns in Domnähe

Originaltext

(wie er auf dem Heinzelmännchen-Brunnen zu lesen ist
und von August Kopisch gedichtet wurde)

Wie war zu Köln es doch vordem
mit Heinzelmännchen so bequem!
Denn war man faul, man legte sich
hin auf die Bank und pflegte sich:
Da kamen bei Nacht,
ehe man's gedacht,
die Männlein und schwärmten
und klappten und lärmten
und rupften und zupften
und hüpften und trabten
und putzten und schabten,
und eh' ein Faulpelz noch erwacht,
war all sein Tagewerk – bereits gemacht!

Die Zimmerleute streckten sich
hin auf die Spän' und reckten sich.
Indessen kam die Geisterschar
und sah was da zu zimmern war,
nahm Meißel und Beil
und die Säg' in Eil',
sie sägten und stachen
und hieben und brachen,
berappten und kappten,
visierten wie Falken
und setzten die Balken.
Eh' sich's der Zimmermann versah –
klapp, stand das ganze Haus – schon fertig da!

Beim Bäckermeister war nicht Not,
die Heinzelmännchen backten Brot.

Die faulen Burschen legten sich,
die Heinzelmännchen regten sich
und ächzten daher
mit den Säcken schwer
und kneteten tüchtig
und wogen es richtig
und hoben und schoben
und fegten und backten
und klopften und hackten.
Die Burschen schnarchten noch im Chor:
da rückte schon das Brot, das neue, vor!

Beim Fleischer ging es just so zu:
Gesell' und Bursche lag in Ruh';
indessen kamen die Männlein her
und hackten das Schwein
die Kreuz und Quer.
Das ging so geschwind
wie die Mühl' im Wind.
Die klappten mit Beilen,
die schnitzten an Speilen,
die spülten, die wühlten
und mengten und mischten
und stopften und wischten.
Tat der Gesell' die Augen auf –
wapp, hing die Wurst schon da zum Ausverkauf!

Beim Schenken war es so: Es trank
der Küfer, bis er niedersank;
am hohlen Fasse schlief er ein,
die Männlein sorgten um den Wein
und schwefelten fein
alle Fässer ein
und rollten und hoben
mit Winden und Kloben

und schwenkten und sengten
und gossen und planschten
und mengten und manschten.
Und eh' der Küfer noch erwacht,
war schon der Wein geschönt und fein gemacht!

Einst hatt' der Schneider große Pein:
der Staatsrock sollte fertig sein;
warf hin das Zeug und legte sich
hin auf das Ohr und pflegte sich.
Da schlüpften sie frisch
auf den Schneidertisch
und schnitten und rückten
und nähten und stickten
und fassten und passten
und strichen und guckten
und zupften und ruckten.
Und eh' mein Schneiderlein erwacht,
war Bürgermeisters Rock – bereits gemacht!

Neugierig war des Schneiders Weib
und macht' sich diesen Zeitvertreib:
streut Erbsen hin die andre Nacht.
Die Heinzelmännchen kommen sacht:
eins fährt nun aus, schlägt hin im Haus,
die gleiten von Stufen,
die plumpsen in Kufen,
die fallen mit Schallen,
die lärmen und schreien
und vermaledeien.
Sie springt hinunter auf den Schall
mit Licht – husch, husch, husch, husch – verschwinden all'.

Oh weh, nun sind sie alle fort,
und keines ist mehr hier am Ort:

man kann nicht mehr wie sonsten ruhn,
man muss nun alles selber tun.
Ein jeder muss fein
selbst fleißig sein
und kratzen und schaben
und rennen und traben
und schniegeln und bügeln
und klopfen und hacken
und kochen und backen.
Ach dass es noch wie damals wär'!
Doch kommt die schöne Zeit nicht wieder her.

Von der guten alten Zeit, als die fleißigen Wichtel den Kölnern
noch das Leben erleichterten, erzählt diese Reliefplatte am
Heinzelmännchen-Brunnen

Die „Weckschnapp"

Die unheilvolle Selbstjustiz der Kapuzenmänner

Die reichen Kaufleute Kölns bauten sich im späten Mittelalter immer prächtigere Patrizierhäuser. Ihre Geldbeutel waren gefüllt, das Motto „Adel verpflichtet" hatten sie sich längst zu Eigen gemacht. Auch was vornehmes Benehmen und die Familienehre betraf, wollten sie den Blaublütern in nichts nachstehen. Um ihren Ruf und ihre Machtposition zu schützen, gründeten sie geheime Gesellschaften. Deren Mitglieder richteten auch darüber, ob jemand ein Verbrechen begangen oder Schande über die Familie gebracht hatte.

Bei ihren Treffen trugen sie lange Kapuzenmäntel mit Schlitzen in Augenhöhe, damit keiner sie erkennen und irgendwann zur Rechenschaft ziehen konnte. Denn ihre so genannten Femegerichte waren nicht nur gefürchtet, sondern auch verboten. Sie verkündeten häufig grausige Todesurteile und man munkelte ab und an, auf dem „elendigen Kirchhof" am Südende der Stadt sei schon wieder eine geköpfte Leiche verscharrt worden. Dennoch trauten die reichsten Bürger der Stadt eher den geheimen Gerichten ihrer eigenen Schicht als den ordentlichen Gerichten.

Zu dieser Zeit wohnte eine der reichsten Witwen Kölns in der Nähe der Kirche Maria Lyskirchen, die sich seit langem über die Maßen über ihren Sohn aufregte. Nicht nur ging er niemals in die Kirche: Er betrank sich in Wirtshäusern, verschwendete das Vermögen seines verstorbenen Vaters mit den Freudenmädchen der Stadt und verspottete öffentlich die verärgerte Verwandtschaft. Als er eines Abends wieder einmal grölend in einem Wirtshaus gesehen wurde, riss der Mutter der Geduldsfaden und sie fragte einen befreundeten Geschäftsmann, ob die Geheimen ihrem Sohn nicht ins Gewissen reden könnten.

Der Sohn ward daraufhin in einer Kneipe aufgegriffen und mit einem Schlag auf den Kopf betäubt. Als zwölf Kapuzenmänner sich um ihn versammelten, bekam er das in der Tiefe seines Rausches gar nicht mit. So konnte er sich nicht einmal rechtfertigen. Einstimmig drehten die Kapuzenrichter ihre Messer in seine Richtung, um ihn mit diesem Ritual schuldig zu sprechen. Als er seine Augen wieder öffnete, befand er sich bereits in dem Turm, in der Nähe der Kirche St. Kunibert, um den jeder Kölner damals einen großen Bogen machte.

Er erstarrte. Denn wer in der „Weckschnapp" eingesperrt war, das wusste jeder in Köln, musste entweder verhungern oder starb einen noch viel grausameren Tod. Von der Decke der Zelle hing ein Wecken herab, ein großes duftendes Stück Weißbrot. Früher oder später versuchte ein jeder Gefangene verzweifelt hochzuspringen und danach zu greifen. Aber sie stürzten alle ab. Unter ihnen hatte sich eine Falltür geöffnet. Während sie durch den Schacht in den

Rhein stürzten, schnitten scharfe Messer ihre Körper in Stücke und wenig später schnappten sich Fische die blutenden Fleischfetzen.

Nach einigen Tagen kam der Sohn der Witwe vor Hunger fast um. Seit Jahren das erste Mal begann er zu beten. Und Gott erhörte ihn. Der abgemagerte Jüngling griff nach dem Wecken, fiel durch den Schacht und landete im Rhein, ohne dass eines der Messer seine Haut auch nur geritzt hatte. Er floh sofort aus seiner Heimatstadt, damit man ihn nicht erkenne und wieder ergreife. Indessen flehte seine Mutter die Kapuzenmänner vergeblich an, ihren Sohn wieder frei zu lassen. Keinesfalls hatte sie seinen Tod gewünscht. Die reiche Witwe verfiel in tiefe Trauer und aus Reue spendete und verschenkte sie ihr gesamtes Hab und Gut an die Armen der Stadt.

Besser spät als nie fand diese Geschichte doch noch ihr glückliches Ende: Nach vielen Jahren erschien auf der Türschwelle der Greisin ein reicher Kaufmann aus Flandern. Sie traute ihren Ohren kaum, als er sich als ihr tot geglaubter Sohn vorstellte. Ein paar Mal rieb sie sich wohl auch noch die Augen, ging dann aber freudestrahlend und von ihrem Kummer erlöst auf seinen Vorschlag ein, ihn nach Flandern zu begleiten, um dort den verbleibenden Lebensabend zu verbringen.

Eine noch viel grausamere Geschichte aber führte letztendlich zur Auflösung der heimlichen Gerichte. Eine Hebamme brachte einen besonders tragischen Fall an die Öffentlichkeit. Sie wurde zu einer sehr jungen Frau in ein vornehmes Bürgerhaus gerufen, die ein uneheliches Kind erwartete. Da man ihr die Augen verband, wurde sie misstrauisch und streute auf dem Weg heimlich Erbsen. Als sie ins Zimmer trat und man ihr die Augenbinde wieder abnahm, sah sie unter dem Bett der Hochschwangeren einen Sarg. In einer Zimmerecke verbarg sich ein Mann mit einem Schwert. Nachdem sie ihre Arbeit getan hatte, schlug die Hebamme voller Sorge Alarm. Man eilte zu dem Haus in der Glockengasse und fand nach einigem Nachfragen in der Familiengruft in der benachbarten Kirche St. Kolumba eine enthauptete junge Frau, die ihr erwürgtes Neugeborene im Arm hielt.

Das Femegericht hatte ihrem Vater geheißen, sie zu enthaupten, da sie die Familienehre geschändet hatte. Stadtsoldaten ergriffen ihn, die ordentlichen Gerichte verurteilten ihn zum Tod und der Skandal läutete das Ende der heimlichen Gerichte ein.

-ps-

„Weckschnapp" → *Stadtplan Nr. 8*

Hausgeist Hubert Hochhut

Ein Gnom macht Randale

Beschrieben worden ist Hubert Hochhut häufig, doch immer wieder etwas anders. Unterm Strich wird er etwa so ausgesehen haben: Sehr klein von Wuchs, runzelige Haut, die möhrenartige Nase auffälliger als der Zinken von Cyrano de Bergerac, die Augen maushaft eng, die Beine spindeldürr und der zottelige Bart grau. Hoch war der Hut des Gnoms und so nannten die Kölner ihn „Hubäät Huhot", auf Hochdeutsch Hubert Hochhut.

Hubert war von Haus aus Geist, wohnhaft in einem Fachwerkhof der Familie Pütz zu Köln.

Der Gnom war bei den Kindern beliebt, und stellten ihm die Mägde und Waschfrauen abends Milch und Grütze hin, half der Zwerg sogar im Haushalt. Niemand sah ihn, denn der hohe Hut machte den Hubert unsichtbar. Doch hören konnte man ihn schon, denn er ging nicht, er hüpfte mit einem deutlich vernehmbaren „höpedehöp".

Hubert hatte Charakter. Wer etwa an seinem Haus vorbeikam und spöttelnd „Hubäääät" rief, dem verpasste der unsichtbare Zwerg eine schallende Ohrfeige. Und vergaßen die Mägde abends die Milch und die Grütze hinzustellen, wurde der Gnom sauer. Er schöpfte den Rahm von der Milch, band zum Ärgernis des Bauern die Kühe im Stall los und ließ das Tor offen.

Zunächst war der Hausgeist noch ganz verträglich, er brauchte allerdings immer wieder Abwechslung. Trafen sich die Winzer aus den örtlichen Weingärten um ein Lagerfeuer, hörten sie bald, wie sich – höpedehöp – Hubert näherte. In die Glut schauen reichte ihm dann schon bald nicht mehr, er wurde ungeduldig und warf frischen Kuhmist ins Feuer. Rief dann jemand „blöder Hubääät", langte er ihm eine.

Als er ein paar neu angestellten Knechten eines Tages in die Waden biss, wurde es denen zu bunt. Sie besorgten sich ein Beschwörungsbuch, zogen im Kellergewölbe der Pütz einen magischen Kreis und murmelten Sprüche, um den Gnom für immer loszuwerden. Bald kam er – höpedehöp – angehüpft, lüpfte ausnahmsweise den Unsichtbarmach-Hut und zog die grauenhaftesten Grimassen. Einer der Jungs bekam es darauf mit den Nerven, erschrocken rannte er aus dem Kreis und durchbrach damit die Magie. Hubert nahm sich nun die Geisterbanner vor, und zwar einen nach dem anderen. Er randalierte wie ein Besessener und es hagelte Schläge und Tritte von allen Seiten.

Von nun an traute sich kein Kölner mehr, den „Hubäät Huhot" zu reizen. Erst als das ganze Haus abgerissen wurde, verschwand der Zwerg und versteckte sich in der Wahner Heide bei Porz. Dort spielt er bis heute mit Kegelkugeln, manchmal so laut wie beim Donner. Und mancher glaubt, ein nahendes Gewitter sei in Wirklichkeit Huberts Kugelspiel.

-tb-

Jan von Werth und Griet

Kölner Lovestory – zum Verzweifeln

„Hätten wir es doch bloß getan" und „hätten wir es nur gewusst"! Seufzer der Reue über eine verpasste Liebe zu Zeiten des 30-jährigen Kriegs in Köln. Dazu weiß ein Kölner bis heute ein Lied voller Mitleid zu singen – das „lihrt vum Jan und Griet". Nicht umsonst spielt das Reiterkorps der Karnevalsgesellschaft Jan von Werth alljährlich an Weiberfastnacht am Severinstor das Wiedersehen eines reumütigen Liebespaars nach.

Auf einem Bauernhof, dem alten Kümpchenshof, war Griet, „en fresche Mäd", dem stattlichen Jan begegnet, wo sie beide arbeiteten. Die junge Grete mit den adretten Zöpfchen und rosigen Wangen gefiel dem jungen Mann von Tag zu Tag besser. So fasste er sich ein Herz, passte sie beim Wasserholen am Brunnen ab, verstellte ihr forsch den Weg und machte ihr einen Heiratsantrag. Und den begründete er auch gar nicht unrealistisch: „Ich bin ein Knecht und du eine Magd – wir passen doch zueinander." Eben dies fand Griet nun überhaupt nicht. So einfach gab sie sich nicht zufrieden. Sie gab dem Vorwitzigen deutlich zu verstehen: „Ich well ne däftige Halfen hann, met Öhss un Köh un Päd." Einen reichen Bauern wollte sie haben, mit Haus und Hof, Kühen und Pferden. Wer wollte es der schönen Frau verdenken? Dass ihr Herz aber längst für den sympathischen Knecht mit den

Der Jan-von-Werth-Brunnen auf dem Alter Markt zeugt von der wohl bekanntesten Liebesgeschichte in Köln

leidenschaftlichen Augen entflammt war, behielt sie für sich.

Vor Kummer über den Korb hielt Jan es nicht mehr länger in ihrer Nähe aus. Er ließ sich auf dem Alter Markt als Soldat anwerben und zog als Landsknecht in den Krieg. Sollte er schon seine Griet nicht bekommen, so war er bereit sein Leben im Kampf zu lassen. Wenigstens müsste er dann nicht ewig darunter leiden, dass seine Liebste ihn verschmäht hatte. Doch es sollte anders kommen. Die Jahre gingen ins Land, er zog durch ganz Europa, hatte Erfolg und wurde mehrmals befördert. Als Kämpfer und Stratege schon berühmt, brachte er es auch noch zum Feldmarschall und durfte sich Jan von Werth nennen. Ein nicht geringes Vermögen hatte er auch angehäuft. Pferde und ein Haus besaß er längst.

Auch an Griet ging die Zeit nicht spurlos vorüber. Über ihr Leben kursieren verschiedene Versionen, offenbar abhängig davon, wie sehr man sie vom Schicksal gestraft wissen will. Kurzum: Mal bekommt sie ihren reichen Bauern, liebt ihn aber nicht. Mal wird sie als Magd auf einem Bauerhof alt und grau, bleibt unverheiratet, mittellos, fristet ein arbeitsreiches Dasein. Griet blieb bei ihren Zeitgenossen eine Unbekannte, während Jan der gute Ruf stets vorauseilte. Jan von Werth hatte die Franzosen vertrieben und die Festung bei Koblenz befreit. Somit konnten die Schiffe den Rhein wieder frei passieren und alle jubelten Jan zu.

Jan wurde als Feldherr gefeiert: Seinen Truppen voraus ritt er siegesgewiss durch die Severinstorburg.

An der Severinstorburg werden Jahr für Jahr zur Karnevalszeit die Jan-und-Griet-Spiele aufgeführt

Sein Blick war stolz nach vorne gerichtet. Dann aber sah er sie: Seine Griet, die lautstark Äpfel und Esskastanien anpries und nach all den Jahren ganz schön rundlich geworden war. Sie blickte zu ihm empor und er hielt sein Pferd direkt vor ihr an. Ihr Anblick stach ihn in der Herzgegend. „Krutschteien" hätte sie an einem kalten Herbsttag nicht verkaufen müssen, hätte sie ihn doch nur zum Mann genommen. Und bei allem Ruhm und Reichtum wurde Jan nach all der Zeit wieder schmerzlich bewusst: Eine Frau hatte er immer noch nicht. Bis heute erinnert der Jan-von-Werth-Brunnen am Alter Markt an das unglückliche Schicksal des vielleicht bekanntesten Kölner Paars.

Dass Jan glücklich über das Wiedersehen vom Pferd stieg, um Griet zu umarmen, überliefert die Legende nicht. Vielmehr soll er hochnäsig auf sie herabgesehen haben. Zu spät ist eben zu spät. Eine Version, die Mädchen aus Köln davor warnen soll, bei den Männern zu wählerisch zu sein. Aber es gibt auch eine andere Version: Vielleicht war es ja besser so. Denn am Ende hatte Griet ihren Bauern mit Herz und Jan seinen Ruhm und seine Freiheit bekommen.

-ps-

Alter Markt mit dem Jan-von-Werth-Brunnen
→ Stadtplan Nr. 9

Severinstorburg, wo jedes Jahr am Tag der Weiberfastnacht das Jan-und-Griet-Spiel vom traditionellen Reiterkorps „Jan von Werth" aufgeführt wird → Stadtplan Nr. 10

Das böse Ende eines Geizkragens

Der Kaufmann und die Kröten

Die Kölner Kaufleute waren einst sehr wohlhabend. Ihr zur Schau gestellter Reichtum wurde aber nicht nur bewundert. Neider und Geschröpfte hatten stets ein kritisches Auge darauf, wie die Reichen überhaupt zu ihren Truhen voller Goldschätze gekommen waren. Habgier war ein häufiges Motiv, meist gepaart mit Geiz und rüden Geschäftspraktiken, die andere an den Bettelstab brachten. Aber „Geld stinkt" und „Hochmut kommt vor dem Fall", weiß der Volksmund und überliefert zahlreiche Legenden, die mit Prahlern, Geizhälsen und skrupellosen Halsabschneidern abrechnen.

Besonders unbeliebt war einst ein berüchtigter Wucherer. Durch überhöhte Preise, tückische Listen und unverschämt hohe Zinsen hatte er schon so manchen in den Ruin getrieben. Eines Tages war er so reich, dass er nicht mehr wusste, was er mit dem vielen Geld für sich noch kaufen sollte, und da packte ihn plötzlich das schlechte Gewissen. Jetzt war ja alles gut und schön, aber was sollte nur später im Jenseits mit ihm werden? Voller Angst ging er in die Kirche St. Gereon, beichtete und gelobte dem Priester den Teil seines Vermögens, den er sich unlauter erschlichen hatte, an die Armen der Stadt zu verteilen.

Sein Beichtvater verpflichtete ihn zur Strafe für die späte Einsicht, zwölf Brote zu kaufen, diese in Stücke zu schneiden und über Nacht in einer großen verschlossenen Kiste aufzubewahren. Am nächsten Morgen solle er diese öffnen und werde dann sehen, ob Gott bereit sei, ihm zu vergeben. So geschah es und der Kaufmann erstarrte vor Schreck: Jedes Brotstück war zu einer fetten Kröte geworden und in der Kiste wimmelte es nur so von Kröten, die mit pulsierenden Hälsen dumpf zu ihm aufblickten. Entsetzt ließ der Kaufmann den Deckel fallen und rannte so schnell er konnte in die Kirche, um dem Priester von seinem gruseligen Fund zu erzählen. „Der Herr hält nicht viel von vorher erschlichenen und gestohlenen Almosen," deutete der Priester den Vorfall und überlegte, was sich da wohl noch tun ließe. „Nur wenn du eine ganze Nacht nackt in der Kiste bei den Kröten verbringst, wirst du der Verdammnis in der Hölle entkommen", sprach der Priester nach längerem Nachdenken.

Der Gedanke an das kriechende glupschäugige Getier in der dunklen Kiste ließ den Kaufmann erschauern. Schließlich war er an Luxus im Überfluss gewöhnt, und dazu gehörte auch sein weiches sauberes Federbett. Ach, würde der Herr ihm doch nur seine Sünden vergeben! So haderte er den ganzen Tag lang mit sich. Aber war er etwa kein Mann? Und entzog er sich einfach seiner Strafe, konnte dann nicht alles noch schlimmer kommen? Da er keinen Ausweg aus seinem Dilemma sah, rief er spät am Abend doch noch den Priester in sein Haus,

*Die Kirche St. Gereon ist Schauplatz der grausigen Geschichte
vom geizigen Kölner Kaufmann und den Kröten*

so sehr ihn die Kröten auch ekelten. Schweren Herzens stieg der Wucherer dann in die Truhe und spürte auch schon, wie die Kröten über seinen Körper krochen, als der Priester den Deckel über ihm verschloss.

Am nächsten Morgen kam der Priester schon recht früh und höchst besorgt zurück, um den Kaufmann aus seinem unbequemen Gefängnis zu befreien. Er war auf Augen gefasst, die vor Schreck ganz starr und weit geworden sein müssen, doch als er den Deckel öffnete, gewahrte er viel Schlimmeres: Von dem Kaufmann war nichts übrig geblieben als die Knochen und von den Kröten war keine Spur mehr zu entdecken. Er bekreuzigte sich, faltete die Hände zum Gebet, und als er sich von dem Schock etwas erholt hatte, ließ er die Gebeine des Wucherers im Kreuzgang der Kirche St. Gereon bestatten. Möge der Herr ihm wenigstens im Jenseits verzeihen! Und bis heute, so die Legende, verendet jede Kröte auf der Stelle, die sich in die Nähe des Kreuzgangs mit dem Grab des Wucherers wagt.

-ps-

Kirche St. Gereon → *Stadtplan Nr. 10*

Ein Sonderling sieht in die Zukunft

Spielbähns Visionen

Eigentlich hieß er Bernhard Rembold (1689-1783), doch alle nannten ihn Spielbähn. Er war mal Leinenweber, mal Klosterbote, doch seinen Lebensunterhalt verdiente er vor allem mit der Fidel. Der Spielmann, auf Kölsch Spielbähn, war ein leidenschaftlicher Geiger. Aber so sehr seine Musik auch unter die Haut ging, seine Mitmenschen bekamen es vor allem mit der Gänsehaut. Denn der musikalische Greis, der im Hahnenkonvent an der St. Maria Ablass-Kirche wohnte, hatte das zweite Gesicht. Spielbähn hatte Visionen. Und was für welche. Er sah den Untergang Kölns voraus.

Auch ein katholischer Geistlicher, der des Geigers Visionen wortgetreu aufzeichnete, vernahm allerlei Rätselhaftes, von der Verwüstung der Domstadt ganz zu schweigen. Weit über 100 Prophezeiungen soll der Geiger ihm einst zu Protokoll gegeben haben.

Manch einer hielt den kauzigen Musiker damals für psychisch auffällig, um nicht zu sagen für übergeschnappt. Die Zukunft, konterte der fromme Geiger stets, werde ihm Recht geben, mit dem, was der Allwissende und Allmächtige in seine Brust gelegt habe. Und das war neben Krieg auch technischer Fortschritt: „Der Menschenwitz wird Wunder schaffen", sah der Spielbähn und nannte Details: Wagen auf Rädern werden ohne Pferde durch die Gassen fahren, Flugobjekte den Zug der Vögel nachahmen, schwere Schiffe den Rhein herauffahren, ganz ohne Windsegel.

Der Mensch werde aber vor allem größenwahnsinnig, er versinke im Schlamm der Gotteslästerung, das Christentum verkomme zur Farce und es gebe bald schon gähnende Leere in den Kirchenhäusern. Spielbähn sah Mütter jammern und Hirten ihre Herden vernachlässigen, er sah böse Fleischeslust, ja geradezu „Schulen der Lastertaten".

Und dann, dann wandte sich der Geiger an Köln: Ein grauenhafter Krieg werde die Rheinmetropole heimsuchen, mit glühenden Kugeln werde sie beschossen. Die ganze Stadt werde brennen, allerorten: „Das Feuer wird es verzehren bis auf das Gotteshaus, welches verschont bleibt von den Flammen", soll Spielbähn gesagt haben.

Schwarzweiß-Fotos aus dem Zweiten Weltkrieg scheinen die Visionen von der Bombardierung Kölns zu bestätigen. Rund um den fast komplett erhaltenen Dombau war die Innenstadt ein Trümmerfeld. An des Geigers visionärem Blick, sagen einige, gebe es deshalb gar keinen Zweifel.

Doch ob er auch gesehen hat, dass Köln Jahrzehnte später in einer Studie über regionale Zufriedenheit bundesweit auf Platz 25 kam, Düsseldorf aber nur auf Platz 48? (Stern, 24.4. 2003)

Wir wissen es nicht, würden uns aber auch darüber nicht wundern.   -tb-

Die Altstadt von Köln wurde nach dem 2. Weltkrieg wieder völlig neu aufgebaut

Die „Kleinen Kölner ..."

herausgegeben von Ertay Hayit, je 64 Seiten, 5,00 Euro

Kölner Schimpfwörter

ISBN 3-7616-1733-X

Schimpfen auf Kölsch ... etwas Besonderes. Doch meist sind gerade die schlimmsten Sprüche gar nicht so böse gemeint. Aber egal ob man jemanden nur ein wenig foppen oder einmal verbal so richtig loslegen möchte: In diesem Buch findet man garantiert die richtigen Worte. Selbstverständlich mit hochdeutscher Übersetzung, kleinen Erläuterungen und mit einem nützlichen Register Hochdeutsch – Kölsch.

Kölner Sprüche

ISBN 3-7616-1735-6

Schlagfertigkeit ist eine Stärke der Kölner, und eine pfiffige Auseinandersetzung im typischen Kölner Dialekt durchaus ein Ohrenschmaus. Damit auch derjenige, der in der Kölschen Sprache nicht so versiert ist, eine Antwort geben kann, hält die vorliegende Sprüchesammlung jede Menge Hilfen bereit. Ein Buch zum Schmökern und Schmunzeln, aber auch zum Mitreden in jeder Lebenslage.

Kölner Leckereien

ISBN 3-7616-1732-1

So etwas kann auch nur den Kölnern einfallen: „Kölsche Kaviar", der sich als ein Stück Schwarzbrot mit Blutwurst und Zwiebeln entpuppt. Oder der berühmt-berüchtigte „Halven Hahn" – der verblüffte Gast erhält anstatt des erwarteten halben Hähnchens nur ein Brötchen mit einem Stück Käse. Das und noch viel mehr zum Thema Kölsche Gerichte sowie viele Rezepte zum Ausprobieren finden sich in dem Büchlein.

Sagen und Legenden

ISBN 3-7616-1734-8

Fast 2000 Jahre alt ist die Stadt Köln, und von Generation zu Generation haben die Kölner die reiche Geschichte ihrer Stadt weitergegeben. So ist ein stattlicher Fundus an Sagen und Legenden zusammengetragen worden, von denen hier ein bunter Querschnitt vorgestellt wird.

J.P. BACHEM VERLAG

Ursulaplatz 1 • 50668 Köln • www.bachem-verlag.de

Die „Kleinen Kölner ...“

herausgegeben von Ertay Hayit, je 64 Seiten, 5,00 Euro

Kölner Kuriositäten
ISBN 3-7616-1791-7

Der Hennes und der FC, der Köbes, der Nubbel und das Kölnisch Wasser, das einst sogar getrunken wurde. Kölner Kuriositäten, die die Stadt so liebenswürdig und einzigartig machen. Verpackt in kleine Geschichtchen, bunte Histörchen und Zitate, die nicht jeder kennt. Zum Schmökern und Schmunzeln und für alle, die ihre Stadt noch ein bisschen besser kennen lernen möchten.

Kölner Witze
ISBN 3-7616-1792-5

Dass die Kölner nur zu Karneval lachen können, ist ein Vorurteil, mit dem das vorliegende Büchlein einmal gründlich aufräumt. Jede Menge Witze, die echt kölsche Lebensart widerspiegeln, werden hier von Volker Gröbe auf erfrischende Weise präsentiert. Dabei hat er in bewährter Manier Gehörtes und Gelesenes notiert und es mit viel Selbsterdachtem zu einer unterhaltsamen Mischung zusammengestellt.

Kölner Radtouren
ISBN 3-7616-1793-3

Spaßtour, Sehen und Genießen, Entspannung im Grünen oder vorbei an den schönsten Brauhäusern Kölns: In diesem Büchlein findet jeder seine passende Route, um mit dem Fahrrad die Stadt hautnah zu erkunden. Auf 5 detailliert beschriebenen Touren geht es mal mitten durch Köln, mal am Rande vorbei. Aber immer auf echt kölschen Spuren und entlang den schönsten Facetten dieser Stadt.

Kölner Sprüche Teil 2
ISBN 3-7616-1794-1

Ob heiter oder auch nachdenklich, auf jeden Fall unverkennbar kölscher Mentalität entsprungen – das sind die gesammelten Sprüche von Volker Gröbe im vorliegenden Bändchen. Sprüche „üvver Lück und Minsche, den Herrjott, Arbeit, Liev, Siel, Jesundheit und dit und dat.“

J.P. BACHEM VERLAG

Ursulaplatz 1 • 50668 Köln • www.bachem-verlag.de

Hayit Ratgeber –
bestens beraten

Hayit Medien
eine Unit von Mundo Marketing GmbH
Schreberstr. 2 • D-51105 Köln • Tel. 02 21 / 92 16 35-0 • Fax -24
E-Mail: info@hayit.de • www.hayit.de